AF252654

IDÉES

SUR LA COMPÉTENCE

DU CONSEIL DE GUERRE

DE LA DIX-SEPTIÈME DIVISION MILITAIRE,

Concernant les prévenus d'embauchage.

DES individus, prévenus d'embauchage, sont traduits devant un conseil de guerre qui, dans le moment où nous écrivons, s'occupe de leur jugement; ces prévenus ne sont pas militaires: sont-ils néanmoins justiciables du conseil de guerre ? Telle est la question qui occupe et qui divise tous les esprits, et que chacun résout à sa manière, d'après ses principes, ses lumières, son ignorance, ou ses préjugés.

Cette discussion a déjà enfanté des volumes. Ce n'est pas, comme on sait, un moyen toujours sûr de l'éclaircir; on se rappelle ce mot de Fontenelle, qui avait entendu discuter pendant trois jours, une question importante, à l'académie des sciences: « Votre opinion doit être fixée, lui dit un de ses collègues qui paraissait y attacher beaucoup de prix: oui, répondit le philosophe, je commence à n'y rien entendre. »

Tel est le but que l'on paraît s'être proposé dans l'affaire des prévenus d'embauchage; em-

A

brouiller la matière de manière à dérouter tout-à-fait ceux qui ne connaissent pas les lois ; alarmer les citoyens sur leur liberté individuelle et sur le maintien de la constitution ; intéresser tous les sentimens généreux du cœur humain, l'humanité, la justice, l'amour des lois ; enflammer les passions et semer des défiances ; tel a été l'art constamment employé depuis le commencement de cette procédure, et pour donner le change au public, on a feint constamment de le prendre soi-même.

Par une tactique bien connue, par une marche constamment suivie, après avoir dépravé l'opinion, on s'est adressé à l'autorité ; des louanges hypothétiques, des menaces perfides ont été prodiguées au conseil de guerre ; on a réclamé, on a obtenu l'intervention du tribunal de cassation ; deux fois le Corps législatif a été frappé de semblables réclamations, et enfin, le Directoire exécutif s'est vu obligé de faire parler l'autorité dont il est dépositaire, et d'opposer une force d'inertie aux entreprises usurpatrices du pouvoir judiciaire.

Dans le nombre des citoyens qui attendent, avec intérêt, l'issue de cette lutte scandaleuse, on distingue aisément deux partis : l'un se rallie aux principes, aux lois, à la majorité immense du Corps législatif, au Gouvernement, à la Constitution, et approuvé la traduction des prévenus devant un conseil de guerre. L'autre a pour lui les journalistes, les partisans de la royauté, les amis de la constitution de 1791, les fauteurs de la guerre civile, et un petit nombre de bons citoyens qui s'alarment de bonne foi sur les conséquences de ce qu'ils appellent une *évocation*, et qui, à force d'avoir entendu répéter que la constitution et les lois étaient violées, ont fini par se le persuader à eux-mêmes; ce sont ces derniers qu'il est important d'éclairer, en ramenant la question à ses élémens les plus simples, et en recueillant, dans une courte notice, les argumens victorieux que plusieurs représentans du peuple ont développés avec tant de force à la tribune.

On convient généralement, et l'article 290 de l'acte constitutionnel établit d'une manière bien formelle, que l'armée de terre et de mer est soumise à des lois particulières pour la forme des jugemens et pour la nature des peines. Ce principe, fondé sur la raison et sur la nécessité, était reconnu, même avant l'établissement de la constitution; et depuis le commencement de la guerre, il a toujours existé, auprès de chaque armée, des tribunaux d'exception, destinés exclusivement à juger les individus et les délits militaires.

C'est de ce principe que sont partis les défenseurs et les partisans des prévenus, pour conclure que les prévenus ne faisant partie d'aucune armée, ne pouvaient être distraits de leurs juges naturels, et que, dans la prévention qui existait contre eux, ils devaient paraître devant les tribunaux que la constitution assigne à tous les autres citoyens.

Le principe est faux ; la conséquence ne peut manquer de l'être.

Ce raisonnement porte sur la supposition erronée, qu'une armée ne peut être composée que d'officiers et de soldats, tandis que l'on a toujours regardé comme faisant partie de l'armée, tous les individus qu'elle traîne nécessairement à sa suite, tels que charretiers, domestiques des officiers , employés dans les bureaux, agens des subsistances , vivandiers et vivandières , et que les lois ont toujours retenu sous la police militaire tous ces individus , comme incorporés à l'armée , comme en étant une portion intégrante.

Par une raison semblable , on a toujours soumis aux lois militaires , les embaucheurs et les espions : ceux qui se dévouent à l'infâme métier d'embaucheur , s'introduisent dans l'armée , se constituent les agens militaires de la puissance pour laquelle ils embauchent ; et certes , il serait bien extraordinaire que les défenseurs de la patrie fussent soumis, à raison des délits qu'ils peuvent commettre , à des formes de jugement plus sévères que les autres citoyens , tandis que celui qui s'introduit auprès d'eux pour les séduire , tandis que le recruteur de Louis XVIII , le soldat de l'archiduc , jouirait d'une faveur qui leur serait refusée.

Qu'opposer d'ailleurs au texte précis de la loi du 13 brumaire dernier, qui veut que tous les militaires , tous les individus attachés à l'armée , tous *les embaucheurs* , tous les espions , soient traduits devant un conseil de guerre ? niera-t-on la prévention , l'accusation d'embauchage ? mais les prévenus ont été pris en flagrant délit ; leurs propositions ont été entendues , ont été recueillies au moment même qu'elles sortaient de leur bouche ; elles sont établies par leurs aveux dans leurs premiers interrogatoires , par ceux qu'ils ont faits depuis devant le conseil de guerre. Je ne prétends pas assurément préjuger le fonds ; mais quels que puissent être leurs moyens de défense, de quelque manière qu'ils cherchent à atténuer le poids de l'accusation qui pese sur eux, le matériel du délit existe et suffit pour constater une prévention d'embauchage. Si tous ces motifs ne devaient pas suffire pour les traduire devant un conseil de guerre, dans quelle supposition un militaire, même embaucheur, pourrait-il y être traduit ? Osera-t-on dire qu'il faut moins de formes, moins de circonspection, moins de prudence dans l'accusation d'un militaire que dans celle d'un simple citoyen, et que parce qu'il prodigue tous les jours sa vie dans les combats, il est permis de l'exposer plus facilement aux échafauds ? On n'osera pas le dire, et cependant on convient qu'un soldat prévenu d'embauchage devrait être immédiatement traduit devant un conseil de guerre : où donc est la raison de cette préférence, puisque la loi enveloppe dans une mesure générale les embaucheurs, quel que soit d'ailleurs leur état ?

Dira-t-on que la loi du 13 brumaire, en n'établissant aucune distinction entre l'embaucheur militaire et l'embaucheur non militaire, viole la constitution, qui ne permet pas qu'aucun citoyen soit distrait des juges naturels que la loi lui assigne ? Mais ce reproche, fût-il aussi fondé qu'il est absurde, quel autre que le législateur a droit de juger la constitutionnalité de son propre ouvrage ? Où en serions-nous, si chaque citoyen se croyait en droit de soumettre les lois à son examen personnel, de les discuter après qu'elles sont rendues, de les comparer à la constitution, et de subordonner l'obéissance qu'il leur doit, à leur conformité avec l'acte constitutionnel ?

Quelle anarchie, quelle épouvantable confusion ne résulterait pas d'une semblable arrogation ? Une loi existe : tout citoyen lui doit respect et soumission ; tout dépositaire de l'autorité lui doit obéissance. Le droit sacré de pétition est ouvert à tout le monde ; c'est la seule voie de réclamation qu'il soit permis de prendre. Eclairez la religion des législateurs, mais n'outragez pas les lois : tels sont les principes de tous les publicistes, de tous les philosophes ; et ceux même qui les violent aujourd'hui, savent bien les réclamer, quand leur intérêt ou leurs passions les y portent.

Mais j'ai démontré plus haut, et j'espère démontrer encore que leur opinion est fausse à tous égards ; que la loi est une suite manifeste de la constitution, et que tout embaucheur est essentiellement militaire, par cela seul qu'il agit dans l'armée ou contre l'armée de la République.

Enfin, dira-t-on, ou plutôt répétera-t-on jusqu'à la satiété, que le délit principal est ici la conspiration ; que l'embauchage n'en est qu'une branche, qu'un accessoire, et qu'il est contre les principes qu'un accessoire ait déterminé la compétence plutôt que le fonds même du délit ? Mais ceux qui répètent sans cesse ce paralogisme, savent très-bien qu'ici le crime d'embauchage et celui de la conspiration sont tellement fondus l'un dans l'autre, qu'ils ne constituent qu'un seul et même délit ; que s'il est possible de conspirer sans embaucher, il est impossible d'embaucher sans être un conspirateur ; qu'en supposant même la distinction des deux délits, il serait bien étonnant qu'un crime de plus donnât au prévenu

une chance plus favorable que dans la supposition où il ne serait accusé que d'un seul
délit ; en sorte qu'en suivant la progression,
l'art de multiplier ses crimes deviendrait l'art
de s'en assurer l'impunité. Du moment qu'un
homme a embauché, il a encouru la loi militaire ; il a renoncé, par son crime, au droit
commun , et il s'est soumis à la jurisdiction
de ces mêmes hommes avec lesquels il s'est
établi des relations criminelles.

Le Conseil des cinq cents était tellement
convaincu de ces vérités , que le 17 pluviôse
dernier, il a passé à l'ordre du jour sur les
réclamations des défenseurs des accusés.

Malgré cette décision qui manifestait assez
clairement les intentions des législateurs, les
défenseurs ont continué de décliner devant le
conseil de guerre, sa propre compétence. Con-
formément à la jurisprudence de tous les tribunaux jugeant par exception ou en dernier
ressort, le président du conseil de guerre a
renvoyé à prononcer sur le déclinatoire en
même-tems que sur le fonds, et c'est contre
cette décision verbale que les défenseurs se
sont crus autorisés à se pourvoir au tribunal
de cassation.

C'est ici que commence entre ce tribunal et
l'autorité exécutrice, cette lutte qui a fait sou-
rire les mauvais citoyens , indigné les vrais
républicains, et que l'opiniâtreté du tribunal
a cherché encore à soutenir contre une nouvelle décision du Corps législatif.

Le tribunal de cassation, le 2 germinal ,
faisant droit à la demande des défenseurs des
prévenus d'embauchage , a ordonné l'apport
par-devant lui, des pièces de la procédure.

D'après les articles 450 et 451 de la loi du 3 brumaire, an 4, toute transmission de pièces du ou au tribunal de cassation, ne peut être faite que par l'intermédiaire du ministre de la justice. Par son arrêté du 3 du même mois, le Directoire exécutif a fait défense à ce ministre et à tout dépositaire de la force ou de l'autorité publique, de prêter son ministère à l'exécution de l'acte illégal émané du tribunal de cassation.

Le même jour, il a fait part au Corps législatif, des motifs qui l'avaient déterminé à cette mesure vigoureuse, et lui a fait passer son arrêté. Le Conseil des cinq cents était occupé, depuis plusieurs jours, à délibérer sur une nouvelle demande des défenseurs officieux ; après avoir entendu la lecture du message et de l'arrêté du Directoire exécutif, il a passé, à la presqu'unanimité, à l'ordre du jour sur cette demande.

Il serait superflu de rapporter ici tous les motifs qui ont déterminé l'arrêté du Directoire exécutif. Ils sont consignés dans le message et dans l'arrêté même ; l'un et l'autre ont été imprimés par ordre du Conseil des cinq cents et dans une foule de journaux ; un grand nombre de feuilles ont eu seulement la bienveillante précaution de supprimer dans la transcription de l'arrêté, tous les *considérant*, où étaient relatés les articles de la constitution, et la longue nomenclature des lois sur lesquelles il était appuyé.

Malgré le nouvel ordre du jour du Conseil des cinq cents, les défenseurs ont feint de l'ignorer, ainsi que l'arrêté du Directoire exécutif ; en conséquence, ils sont revenus à la charge auprès du tribunal de cassation , et ont demandé qu'il donnât suite à son prétendu jugement du 2 germinal. Le tribunal de cassation a bien voulu se prêter à cette petite comédie , et le 8 du même mois , il a ordonné qu'il en serait référé au Corps législatif, sur le fondement que le ministre de la justice ne lui avait pas encore transmis les pièces de la procédure , et qu'il n'avait aucuns moyens coactifs pour l'y forcer.

Une réflexion se présente d'abord à l'esprit ; comment la même demande se trouve-t-elle présentée à-la-fois par les mêmes individus au Corps législatif et au tribunal de cassation ? Ou la loi est claire, et alors il est inutile de consulter le Conseil ; ou elle est obscure, et alors le tribunal n'a pas le droit de l'interpréter. Il est évident que les défenseurs ne se sont pas entendus eux-mêmes, et je crois qu'ils auraient de la peine à répondre à ce dilemme.

Lorsque l'arrêté du Directoire exécutif a été connu, une foule de journaux ont sonné l'alarme contre cette prétendue usurpation du pouvoir judiciaire ; plus sévères et plus puissans que le Conseil des cinq cents, qui a sanctionné l'arrêté par son *ordre du jour*, plus jaloux du maintien de la constitution et de la division des pouvoirs, ils ont vu, dans cet arrêté, un acte d'accusation tout dressé contre le Directoire ; ils ont pris, comme disait Mirabeau, leurs vœux pour leurs espérances.

Dites-moi, citoyens journalistes, amis sincères de la République et de la liberté, vous qui ne protégez les embaucheurs que par humanité, qui n'attaquez les pouvoirs constitués que par zèle pour la constitution, et qui, pour la plus grande gloire de la vérité, trafiquez tous les jours de mensonges, de calomnies et d'impostures, répondez, si vous le pouvez, avec bonne foi : si le tribunal de cassation s'avisait, *par un jugement*, de défendre à un général de livrer une bataille ; à une administration, de vendre un domaine national ; à un citoyen, de se promener dans les Tuileries, croyez-vous que le Directoire exécutif prévariquât en défendant l'exécution de ce jugement ?

Quelle comparaison, m'allez-vous dire ! un général, une bataille, une administration, tout cela sort des attributions judiciaires ; un jugement rendu hors de cette ligne n'est point un jugement ; il n'est pas même besoin, pour son inexécution, de l'intervention d'une autre autorité ; il est nul de plein droit, et celui auquel il est adressé, peut prendre sur lui de ne pas l'exécuter. Mais ici, il s'agit de compétence judiciaire, et par la constitution le réglement de juges appartient au tribunal de cassation.

Prenez garde, citoyens, je tirerai parti de vos aveux ; un jugement rendu hors de la ligne judiciaire n'est point un acte en vertu duquel on puisse exiger obéissance ; mais si les conseils de guerre, si les jugemens militaires sont placés hors de la ligne judiciaire, j'aurai cause gagnée : or, j'ai pour le penser, plus d'une autorité.... une, sur-tout.... laquelle.... la constitution ?... mieux que cela ;.... mieux ?.... oui, citoyens, la déclaration des droits ?.... mieux encore.... et qui donc ?.... le tribunal de cassation lui-même, qui, par son jugement du 7 messidor, an 4, a refusé de connaître d'un jugement incompétemment rendu par une commission militaire de Calais, en faveur de plusieurs émigrés,

(11)

parmi lesquels figurent un *Choiseul*, un *Mont-morency*, etc. et ce sur le motif que les tribunaux militaires sont placés hors de la ligne judiciaire.

« Fort bien, citoyen ; mais le jugement rendu
» par le tribunal de cassation, dont vous nous
» parlez, est antérieur à la loi du 21 fructidor
» suivant, qui a accordé aux citoyens le droit
» de se pourvoir en cassation, pour cause d'in-
» compétence, contre les jugemens des commis-
» sions militaires ».

J'en conviens ; aussi, si un conseil de guerre permanent était une commission militaire, j'accorderais aux accusés le droit de se pourvoir, contre leur compétence, pardevant le tribunal de cassation. Mais comme il n'y a rien de commun entre ces deux institutions ; que la loi du 13 brumaire dernier, postérieure à la loi du 21 fructidor dont vous parlez, en établissant les conseils de guerre permanens, en réformant les abus que les commissions militaires pouvaient entraîner, en déterminant d'une manière précise leurs attributions et leurs justiciables, la forme des jugemens et de leur exécution, n'a pas rappellé la loi du 21 fructidor, pas plus que celle du 17 germinal précédent, qui avait établi un mode de révision militaire pour les jugemens des conseils institués par la loi du deuxième jour complémentaire de l'an 3 ; moi, qui ne vois dans la loi que ce qui y est écrit, je ne puis pas attribuer aux conseils de guerre, ce que la loi n'a entendu que des commissions militaires, pas plus que je n'applique aux tribunaux civils, les lois qui sont relatives aux tribunaux criminels.

« Mais, citoyen, nous avons imprimé dans

» nos journaux un arrêté du Directoire exécutif,
» du 27 nivôse dernier, qui dénonce au tribunal
» de cassation un jugement militaire ; donc le
» Directoire a reconnu que le tribunal de cassa-
» tion avait caractère pour connaître d'un juge-
» ment rendu par un conseil militaire, en faveur
» d'un émigré pris les armes à la main : or,
» ici il est bien question de *conseil*, et non
» pas de *commission*. Nous en avons tiré la
» conséquence que le Directoire avait deux
» poids et deux mesures, et qu'il défendait au-
» jourd'hui ce qu'il avait ordonné hier ».

Je pourrais me borner à répondre que sur
cette dénonciation, ordonnée par le Directoire
exécutif, et effectuée par son commissaire, le
tribunal de cassation a déclaré n'avoir pas le
droit de connaître de la demande en cassation
formée contre le jugement qui en était l'objet ;
et vous n'ignorez pas que certains hommes,
mal-intentionnés, sans doute, prétendent que
c'est encore pour sauver un émigré, pris les
armes à la main, que le tribunal de cassation
a jugé de nouveau cette fois, qu'il était in-
compétent pour casser des jugemens, même
incompétemment rendus par des conseils militaires, quoiqu'antérieurement il en eût cassé
plusieurs pour cause d'incompétence, et que la
loi du 21 fructidor, an 4, lui en fît un devoir.

Mais je laisse à part cet étrange jugement,
sur lequel vous gardez un prudent silence,
pour ne m'attacher qu'à l'arrêté du Directoire,
du 27 nivôse, et je dis que la conséquence
que vous en tirez, ne roule que sur une fausse hypothèse et une misérable confusion de
mots. Vous supposez qu'un conseil militaire est

la même chose qu'un conseil de guerre , et c'est une grande erreur. Les conseils militaires , tels qu'ils étaient établis par la loi du deuxième jour complémentaire de l'an III , étaient de véritables commissions , puisqu'ils étaient créés postérieurement au délit et à l'arrestation du prévenu ; c'est ce qui caractérise essentiellement la commission ; et l'article 42 de la loi du 13 brumaire dernier , en donne expressément le nom aux conseils militaires. Les conseils de guerre , au contraire, tels qu'ils existent d'après la loi du 3 brumaire dernier , sont établis à permanence, préexistent aux délits, et sont par conséquent de véritables tribunaux militaires , placés hors de la ligne judiciaire, parce qu'aucune loi ne les y a fait rentrer.

C'est donc par l'ignorance des lois ou par leur interprétation criminellement perfide , que l'on trompe continuellement les citoyens sur les intentions et sur les actes du gouvernement. Tous les jours la calomnie se distille et se répand par cent canaux impurs , et le Directoire est accusé d'usurpation de pouvoirs , pour les mêmes actes par lesquels il a le courage de réprimer les usurpations dont on veut le rendre le témoin passif ou l'instrument. Quoi! le Directoire exécutif, chargé du dépôt de la constitution , prévariquerait en refusant son ministère à des actes qui la renversent! Quoi! cette constitution sacrée ne lui aurait remis en main le pouvoir , que pour qu'il la laissât attaquer sous ses yeux , sans repousser énergiquement ces attaques! Quoi ! un tribunal , restreint par sa dénomination même aux opérations judiciaires, mettra le pied sur un territoire qui n'est pas le sien, et interposera son auto-rité dans des opérations militaires ; et le pou-voir qui a la direction suprême de la force armée, sera coupable pour avoir repoussé cet envahissement illégitime ! Un tribunal, passant à chaque instant d'une opinion à une autre, changeant de jurisprudence suivant qu'il veut protéger ou détruire, rejettera aujourd'hui le droit de connaître des jugemens militaires, parce que ce rejet favorise la cause d'un émi-gré absous incompétemment ; demain il l'adop-tera, parce que cette adoption favorise des embaucheurs royaux, tremblans devant l'inté-grité et la sévérité des lois militaires ! Quoi ! le Corps législatif aura exprimé sa volonté, le Directoire exécutif aura manifesté ses sen-timens ; et des magistrats persisteront dans leur opposition, condamnée par la constitu-tion, par les lois précédentes, et par le silence actuel des législateurs !

Ainsi, un tribunal, placé au sommet de la ligne judiciaire, destiné à régulariser tous les tribunaux, et obligé par devoir de donner l'exemple de la soumission aux lois, non-seule-ment se prête à leur infraction, mais il s'en rend lui-même l'instrument et l'organe, et son énergie, muette dans une foule de circonstan-ces, se réveille et se développe tout-à-coup en faveur des agens militaires de Louis XVIII, et de ses fondés de pouvoir ?

Sans doute ces rapprochemens n'ont pas été pressentis par le tribunal de cassation. L'esprit de corps peut-être, la honte de céder, les ap-plaudissemens apprêtés des complices des pré-

venus , toutes ces considérations ont pu in-
fluencer sa détermination. Mais sans juger ici
ses intentions, et en ne parlant que de leurs
effets , peut-on se dissimuler le parti que le
royalisme a su en tirer ? La découverte de la
conspiration n'a servi , pour ainsi dire , qu'à
ses progrès ; l'espoir de l'impunité **a** rallié tous
les complices que les premiers coups avaient
dispersés ; ils sentent trop bien l'avantage qu'ils
auraient à échapper à la jurisdiction militaire,
dans le cas même de l'embauchage ; convain-
cus que leurs tentatives sur le peuple seraient
inutiles , parce que le peuple , las des convul-
sions et des désordres , se prêterait difficilement
à un mouvement , ils ont senti que tous leurs
efforts devaient être dirigés vers l'armée , es-
pérant pouvoir remuer plus aisément des hommes bouillans d'ardeur et de courage , s'ils pouvaient parvenir à les séduire. Ils ont voulu
s'assurer une espèce d'impunité , en cas de découverte , et ils ont fait tous leurs efforts pour
enlever le crime d'embauchage à la connais-
sance de nos braves militaires. Ils ont compté
sur la bonne volonté de quelques jurés com-
plaisans , qui ne voient jamais de crime dans
les crimes du royalisme , comme ils n'ont pas
vu de conspiration dans les manœuvres de
vendémiaire. Leur calcul pourrait souvent les
induire en erreur ; mais le Directoire exécutif,
qui a frappé l'anarchie dans la conspiration de
Baboeuf, la révolte ouverte dans celle de Gre-
nelle , a su atteindre le monarchisme dans celle
de Brottier et de ses co-prévenus. Ils sont traduits devant un conseil composé de militaires
amis de la République et de l'humanité , qui

desirent trouver des innocens, mais qui, de concert avec le Corps législatif et le Directoire exécutif, maintiendra les attributions qu'il a reçues de la loi.

De l'imprimerie de J. GRATIOT et Compagnie, rue des Blancs-Manteaux, cul-de-sac Pequay.